聪明孩子喜欢的

脑筋急转弯

三角形童书馆 吴海燕 ◎编著

中国纺织出版社有限公司

U0742768

内 容 提 要

脑筋急转弯是指在思维出现堵塞的时候，快速跳出定势思维，换种思维方式解决问题。脑筋急转弯集逆向思维、发散思维、扩展思维于一体，没有思考范围的限制，可以尽情发挥思维能力，所以深受孩子们喜欢。本书共计八章，挑选了足以让你茅塞顿开、幽默爆笑、奇思妙想的 600 多个脑筋急转弯，真正让你在生动的语言叙述中发散思维，让大脑在游戏中充分释放压力，从而在思考中更好地提升自己的智力。

图书在版编目（CIP）数据

聪明孩子喜欢的脑筋急转弯 / 三角形童书馆，吴海燕编著． -- 北京：中国纺织出版社有限公司，2022.1（2022.6重印）（经典脑力大挑战）

ISBN 978-7-5180-8732-7

Ⅰ．①聪… Ⅱ．①三… ②吴… Ⅲ．①智力游戏—少儿读物 Ⅳ．①G898.2

中国版本图书馆 CIP 数据核字（2021）第 146755 号

责任编辑：王 慧　　责任校对：寇晨晨　　责任印制：储志伟

中国纺织出版社有限公司出版发行
地址：北京市朝阳区百子湾东里 A407 号楼　邮政编码：100124
销售电话：010—67004422　传真：010—87155801
http://www.c-textilep.com
中国纺织出版社天猫旗舰店
官方微博 http://weibo.com/2119887771
三河市延风印装有限公司印刷　各地新华书店经销
2022 年 1 月第 1 版　　2022 年 6 月第 2 次印刷
开本：880×1230　1/32　印张：6
字数：63 千字　定价：29.80 元

　　人的头脑就像一座宝藏，有巨大的潜能等待我们去挖掘。人的一生可以通过学习来不断地充实头脑，获取知识。

　　思维训练是20世纪中期诞生的一种头脑智能开发和训练技术。思维训练游戏既能锻炼孩子们的思维能力，又能提升孩子们的智力水平，是开启智慧大门的一把金钥匙。

　　脑筋急转弯，顾名思义，就是在思维出现堵塞的时候，我们应该快速跳出定势思维，换种思维方式。脑筋急转弯往往以"奇"为宗旨，它的形式多样，不拘一格，题目设计往往避开了大众惯常的思维模式，集逆向思维、发散思维、扩展思维等于一体，没有思考范围的限制，可以尽情发挥思维能力。

　　本书共分为生活课堂——情理之中有答案、神奇魔方——出其不意一点通、感官实验——触类旁通找关联、办法团队——另辟蹊径解疑难、开心乐园——超级爆笑真有趣等八章，挑选了足以让你茅塞顿开、

急中生智、目瞪口呆、极具挑战、幽默爆笑、奇思妙想、开发潜能的 600 多个脑筋急转弯，真正让你在生动的语言叙述中发散思维，让大脑在游戏中充分释放压力，从而在思考中更好地提升自己的智力。

你还在等什么？赶紧拿起这本书，开启脑筋急转弯的智慧之旅吧！

三角形童书馆
2020 年 5 月

目录

第一章

生活课堂
——情理之中有答案

☀ 第1题

什么样的人见到阳光就会躲得无影无踪?

☀ 第2题

一个人什么地方能大能小?

☀ 第3题

从事什么职业的人会在短时间内反复改变主意?

☀ 第4题

自找苦吃的地方是哪儿?

☀ 第5题

什么东西越热越爱出来?

☀ 第6题

孕妇被人在肚子上踹了一脚，却安然无恙，这是怎么回事？

☀ 第7题

什么东西有风不动无风动？

☀ 第8题

什么东西三个口，你有我也有？

☀ 第9题

生活中的一件东西，有很多牙齿，经常能咬住人头发。你知道是什么吗？

☀ 第10题

什么东西经常咬牙切齿？

☀ 第11题

什么动物坐也是坐，站也是坐，走也是坐？

☀ 第12题

有一种水果，非常奇异。没吃它之前是绿色的，吃下去却是红色的，而吐出来竟然是黑色的，请问这是什么水果呢？

☀ 第13题

什么东西越洗越脏，不洗有人吃，洗了没人吃？

☀ **第14题**

小赵的爸爸有一个习惯，每天早上刷牙的时候，总是喜欢一边刷牙，一边大声唱歌。他是怎样做到的呢？

☀ **第15题**

小波比的一举一动都离不开绳子，为什么？

☀ **第16题**

老詹养了一只狗，他从来不给狗洗澡，但为什么狗不会生跳蚤呢？

☀ 第 17 题

有一户人家没有钟，因此他养了一群鸡，但是等鸡长大了，却没有一只鸡给他报晓。你知道这是什么原因吗？

☀ 第 18 题

小代晚上睡觉的时候，把闹钟调到了六点钟，不过他天不亮就醒了，却始终没有找到闹钟被放到哪去了。你能帮他找到吗？

☀ 第 19 题

船上挂着一个救生圈，离海面只有3米，海水以每小时 0.5 米的速度上涨。请问几小时之后，海水能够淹没救生圈？

☀ 第 20 题

小华走路从来都不用脚沾地。你知道这是什么原因吗？

☀ 第21题

小王家的服装店今天要举行开业典礼，为什么都到中午了，小王却连半个人影都没有见到？

☀ 第22题

在一片广阔的草原上，生活着一群羊。它们用半年时间吃光了草原上一半的青草。那么要吃光草原上所有的草，它们需要多少年呢？

☀ 第23题

桌子上有蜡烛和煤油灯，突然停电了，你该先点燃什么？

☀ 第24题

丁丁新买的袜子上有一个洞，但他却不去超市退换，你知道这是为什么吗？

☀ 第 25 题

用很重的铁锤砸鸡蛋，为什么锤不破呢？

☀ 第 26 题

报纸上曾刊登这样一则消息：有人自称发明了一款万溶胶，无论什么东西，遇到它之后便会顷刻融化。你认为这有可能吗？为什么？

☀ 第 27 题

一头牛能够卖 2000 元，为什么两头牛却能够卖 20 万元呢？

☀ 第 28 题

妹妹说她不用左手写字，也不用右手写字，你知道她用什么写字吗？

☀ 第29题

什么东西不破人们难受,破了人们高兴?

☀ 第30题

小红和小美经常喜欢互出难题。这天小红拿了一些糖果放在桌子上,然后问小美这些糖果是母的还是公的。小美说是母的。你知道为什么吗?

☀ 第31题

超超是个普通人,但是他今天却说自己能把左手插进右边的裤袋里,右手插进左边的裤袋里。他是怎样做到的呢?

☀ 第32题

晴朗的天空中，为什么没有太阳？

☀ 第33题

有一对双胞胎姐妹，她们长得一模一样，让人难分辨，但是姐姐的屁股上有黑痣，妹妹没有。然而即便如此，姐姐妹妹穿着相同的服饰仍然有人可以立刻知道谁是姐姐，谁是妹妹，究竟是谁呢？

☀ 第34题

为什么阿福每天上班都得坐飞机？

☀ 第35题

什么油不能点燃？

☀ 第36题

一个人饿得厉害，冰箱里有猪肉、鱼肉、鸡肉等罐头，你知道他最先打开什么吗？

☀ 第37题

为什么很多人见到蘑菇都会直接猜测它一定长在潮湿的地方呢？

☀ 第38题

波波的眼睛高度近视，为什么戴了眼镜之后仍旧看不清东西？

☀ 第39题

妈妈在洗衣服，为什么洗了半天后她的衣服还是脏的呢？

☀ 第40题

一个人不是公司的管理人员，为什么却负责公司人员的上上下下呢？

☀ 第41题

一座桥上立着一块大石碑，上面写着"不准过桥"，但为什么过桥的人还是络绎不绝呢？

☀ 第42题

一个手无寸铁的人被关进了老虎笼子中，为什么最后放出来的时候毫发无损呢？

☀ 第43题

你知道是公鸡叫太阳起床还是太阳叫公鸡起床吗？

☀ 第44题

阁阁家住在8楼，电梯坏了，但是她没爬楼梯也回到了家中，这可能吗？

☀ 第45题

天空下起了冰雹，人们都赶紧躲在家中。为什么有一个人在原处不动？

☀ 第46题

黑人和白人生下的婴儿，牙齿是什么颜色的呢？

☀ 第47题

生产日期和保质期是同一天的物品是什么？

☀ 第48题

什么桶永远装不满？

☀ 第 49 题

池是用来装水的，可是一种池里却永远没有水。为什么？

☀ 第 50 题

生活中的一件东西，有很多牙齿，经常能咬住人头发。你知道是什么吗？

☀ 第 51 题

为什么有的果树生长几十年了，也没有结出一个苹果？

☀ 第 52 题

有一种东西，成熟了就会有胡须，这是什么？

☀ 第 53 题

瑶瑶经常吃葡萄不吐葡萄皮，你知道是什么原因吗？

☀ **第54题**

什么人一听到乐曲手就不停地抖动?

☀ **第55题**

农民养了10头牛,为什么只有19只角?

☀ **第56题**

什么房子能免费住免费吃,但是住在里面的人却十分不乐意,盼着能出来?

☀ **第57题**

阿木的口袋中有10块金币,漏掉了10块,口袋里还剩什么?

☀ **第58题**

什么地方有时候有水,有时候没有水?

☀ 第59题

什么东西越短越粗越容易过去，越长越细反而越难过去呢？

☀ 第60题

全世界最小的母鸡从哪里来？

☀ 第61题

谁经常买鞋自己不穿却给别人穿？

☀ 第62题

什么酒不能喝？

☀ 第63题

乐乐在书桌前写作业，但他为什么不开台灯呢？

☀ 第64题

世界上什么东西不使用燃料就可以以每小时两千公里的速度载着汽车向前奔驰？

☀ 第65题

生活中，我们拖什么东西最轻松？

☀ 第66题

一个人空腹最多能吃几块蛋糕？

☀ 第67题

阿牛的同学问他衣服怎么没扣，为什么阿牛却丝毫不在意呢？

☀ 第68题

为什么妈妈半年都不给孩子吃饭，但是孩子依旧成长得非常好呢？

☀ 第69题

什么东西越大越没用，人们越容易担心？

☀ 第70题

什么车可以随意撞人？

☀ 第71题

人走路的时候，两只脚有什么不同？

☀ 第72题

很重很坚固的锁最怕什么？

☀ 第73题

冬天，小艾打开了暖气，关上门窗，为什么还是感到冷？

☀ 第74题

一次数学考试中，蒙蒙和莹莹交了完全相同的两张试卷，为什么老师却说她们没有作弊？

☀ 第75题

一个人饿得厉害，冰箱里有猪肉、鱼肉、鸡肉等罐头，你知道他最先打开什么吗？

☀ 第76题

什么人始终不敢洗澡?

☀ 第77题

积木倒了需要重新搭,那么万一房子倒了呢?

☀ 第78题

一个人左右手各拿一个碗,同时摔在地上,为什么一个碗破了,另一个碗完好无损?

☀ 第79题

什么东西放在火中不会燃,放在水中不会沉?

☀ 第80题

人身上的什么东西越冷越出来?

☀ 第81题

什么照片看不出照的人是谁?

☀ 第82题

为什么妈妈所在的医院从不给人看病?

☀ 第83题

什么路四通八达,人却不能行走?

☀ 第84题

有一种布很长很宽很好看,但为什么没有人用它来做衣服呢?

☀ 第85题

什么饼不能吃?

答案

1. 雪人。

2. 心眼。

3. 队列教官。

4. 药店。

5. 汗。

6. 是孕妇肚子里的宝宝踹的。

7. 扇子。

8. 裤子。

9. 梳子。

10. 拉链。

11. 青蛙。

12. 西瓜。

13. 水。

14. 他刷的是假牙。

15. 因为他是小木偶。

16. 因为狗只会生小狗。

17. 他养了一群母鸡，母鸡是不会报晓的。

18. 不用找，等到六点钟的时候，闹钟一响就可以找到了。

19. 水涨船高，水并不会淹没救生圈。

20. 因为他穿着鞋子。

21. 因为影子没有半个的。

22. 草一直在不断生长，它们吃不完。

23. 先点燃火柴是当务之急。

24. 因为那个洞是袜口。

25. 鸡蛋会破，锤当然不会破了。

26. 没有，因为没有容器能装它。

27. 因为"物以稀为贵"，长两个头的牛很少见。

28. 用笔写字。

29. 案子。

30. 因为糖果放在桌子上会"生"蚂蚁。

31. 他今天把裤子穿反了。

32. 因为是晚上。

33. 她们自己。

34. 因为他是一名飞行员。

35. 酱油。

36. 先开冰箱。

37. 因为它长得像把伞。

38. 因为眼镜没有镜片。

39. 因为她在洗别人的衣服。

40. 他是开电梯的。

41. 因为桥的名字叫"不准过"。

42. 因为笼子中没有老虎。

43. 是公鸡，因为太阳不会叫。

44. 当然可能，阁阁才1岁，是妈妈抱她上楼的。

45. 因为它是稻草人。

46. 婴儿没有牙齿。

47. 日报。

48. 马桶。

49. 因为是电池。

50. 梳子。

51. 因为那不是苹果树。

52. 玉米。

53. 因为她吃的是葡萄干。

54. 指挥演奏的人。

55. 因为其中一只是犀牛。

56. 牢房。

57. 一个破洞。

58. 水龙头里。

59. 独木桥。

60. 鸡蛋中。

61. 卖鞋的人。

62. 碘酒。

63. 因为是白天。

64. 地球。

65. 拖鞋。

66. 一块，因为吃完一块就不是空腹了。

67. 因为他的衣服有拉链，没有扣。

68. 因为孩子是个胎儿。

69. 破洞。

70. 玩具车。

71. 一前一后。

72. 钥匙。

73. 因为他在门外。

74. 因为她们交的是白卷。

75. 先开冰箱。

76. 泥人。

77. 赶紧逃命。

78. 因为一个是瓷碗，另一个是铁碗。

79. 冰块。

80. 鼻涕。

81. X光照片。

82. 因为那是一家兽医院。

83. 电路。

84. 因为那是瀑布，不能做衣服。

85. 铁饼。

第二章

神奇魔方
——出其不意一点通

☀ 第1题

没有人类居住的地球是什么?

☀ 第2题

有两个人在海边玩,一阵海浪把其中一个叫小名的人卷走了,没被卷走的人叫什么?

☀ 第3题

什么时候有人敲门,你绝不会说请进?

☀ 第4题

你的阿姨有个姐姐,但你不叫她阿姨,你应该叫她什么?

☀ 第5题

一个人去网吧,碰上一个同学带着2个朋友,各带着4个小孩,小孩各带着2个朋友,问共多少人去网吧?

第6题

爸爸小时候有没有打过你?

第7题

一列火车从郑州驶往北京需要 7 个小时,那么在行驶 4 个小时之后,这列火车在哪里呢?

第8题

一个人在什么情况下处于真正的任人宰割的田地?

第9题

四个人在房间里打麻将,为什么警察来了却带走了 5 个人?

第10题

小李喝酒,撞伤了脸,回家怕太太知道会责备,去洗手间对着镜子贴上创可贴。可第二天还是被太太骂了一顿,为什么?

☀ 第11题

龙龙的爸爸去医院看病，医生让他看开一点，你知道他得了什么病吗？

☀ 第12题

一大一小两个人在逛街。刚好遇到熟人，那人问小孩："这位是你爸爸吗？"对方回答："是的。"再问大人："这个是你儿子吗？"为什么对方却摇摇头说"不是"呢？

☀ 第13题

在赛车比赛中，有辆车撞上大树，车子完全撞烂，开车者却毫发无损，为什么呢？

☀ 第14题

老王每天都要刮很多遍脸，可脸上还是有胡子，为什么？

☀ 第 15 题

亮亮是个颇有名气的跳水运动员，可是有一天，他站在跳台上却不敢往下跳，这是为什么？

☀ 第 16 题

动物园里，有一只猴子特别喜欢模仿人的动作。人们看它的姿势、手势，就可以知道自己的情况。比如，你用右手摸自己的下巴，猴子也会用右手摸自己的下巴。你闭上左眼，猴子也会闭上左眼。你再睁开左眼，猴子也能立刻照办。可驯养员说："猴子再有本事，有一个简单的动作它却永远也不会模仿。"请问，到底是什么动作那么难呢？

☀ 第 17 题

丁丁的爸爸是天文学家，可对有些星的知识却远不如丁丁知道得多，为什么？

☀ 第18题

假设半夜 12 点的时候下大雨，那么过 72 个小时后是否会出现太阳？

☀ 第19题

一个女秘书去度假，她不慎带走了公司的某样物品。她的上司通知她马上归还这件东西，她办好了。然而，当她度完假回来却仍遭到开除，为什么？

☀ 第20题

有个地方能进不能出，请问这是什么地方？

☀ 第21题

两只猫头鹰在聊天，其中一只说它可以在白天出门而不用戴墨镜，为什么？

☀ 第22题

小王问小刘五个相同的问题，小刘回答了五个不同的答案，但每个答案都是对的，为什么？

☀ 第23题

一只毛毛虫在地上爬，阿美穿着鞋一只脚踩过去，为什么毛毛虫没有死？

☀ 第24题

什么东西一经你说出它的名字就被打破了？

☀ 第25题

有一个女孩子穿着泳衣在沙滩上走，为什么在她的身后没有脚印？

☀ 第26题

品品喜欢说相声，而且非常受同学欢迎，可是为什么他有时候说话还要付钱呢？

☀ 第27题

雨停了，有个人竟然在公众场合脱衣服，为什么没有人管？

☀ 第28题

哪一类人工作的时候忙得团团转？

☀ 第29题

什么东西人们时刻不停地在吃，但是还是会觉得饿呢？

☀ 第30题

妈妈到猪肉店告诉老板，要买的东西不要肥、不要瘦、不要骨头、不要肉。最后老板给了她一样东西，妈妈高兴地回来了。你知道这是什么东西吗？

☀ 第31题

在学校有一项比赛，往后退得越远的小队就获胜。请问这是什么比赛？

☀ **第32题**

为什么小赵家的马能吃掉老李家的象?

☀ **第33题**

一个警察有个弟弟,但弟弟却否认有个哥哥,为什么?

☀ **第34题**

为什么说好马不吃回头草?

☀ 第35题

　　五个信封，五封信。小虎装完信封之后，检查了一遍，发现有一封信装错了。可是爸爸却执意说他又马虎了。你知道这是什么原因吗？

☀ 第36题

　　A地发生了大地震，伤亡非常严重。电视上当地的记者不断直播受灾情况以及寻人启事。一位叔叔的儿子刚好在A地工作，因此那位叔叔时刻关注电视上的直播。邻居也很关心地问他："电视里直播您儿子的消息了吗？"他回答："没有。但是我可以跟你打赌，我儿子平安无事。"你知道他是怎样知道的吗？

☀ 第37题

　　作文课上，老师让写一篇题目是"假如我是董事长"的作文，同学们都在奋笔疾书，唯独小昭坐在那里不动手。这是为什么呢？

☀ 第 38 题

什么东西明明是你的，却经常被别人用？

☀ 第 39 题

电影院禁止吸烟，但在电影播放的中途，却有一位男士大摇大摆地吸着烟，而且烟雾笼罩了整个银幕。可是并没有观众出来抗议。为什么？

☀ 第 40 题

为什么在上课的时候，同学们都坐着，而李明却始终站着呢？

☀ 第 41 题

一个办公室很简陋，下雨时雨水常常滴在工作人员身上。但有一天下暴雨，工作人员却一个都没被水淋着，为什么？

☀ 第42题

小红的妈妈经过甲市时，刚好甲市发生了7.8级的大地震，小红担心得哭了。不过最后妈妈安然无恙地回来了。这是为什么呢？

☀ 第43题

欧阳先生有一项奇异功能，凡是见过他的人，他都能够让对方心甘情愿地手心朝上，你知道这是为什么吗？

☀ 第44题

一辆出租车正在公路上正常行驶，虽然没有违反任何交通规则，但被一位警察拦住了，这是为什么呢？

☀ 第45题

三个孩子同时吃苹果需要三分钟，那么九十个孩子同时吃九十个苹果，需要多长时间呢？

☀ 第 46 题

刚念幼儿园的皮皮才学英文一个月，却能毫无困难地和外国人攀谈，为什么？

☀ 第 47 题

老李去百货商店买东西，柜台是空的，为什么最后老李却买到了东西？

☀ 第 48 题

老师经常教育我们要拾金不昧。这天，小年在地上捡到了 10 元钱，为什么他交给老师之后，老师最后又还给了小年呢？

☀ 第 49 题

老张是出了名的拳手，为什么一戴上拳击手套反而让对手三下两下打下台去了？

☀ 第 50 题

什么样的人死了之后还会重新活过来？

☀ 第 51 题

李三家的鸡在王四家下了个蛋，这个蛋最终属于谁？

☀ 第 52 题

你知道第一位登上月球的中国女孩是谁吗？

☀ 第 53 题

什么东西不能看到但能摸到，如果摸不到会吓到别人？

☀ 第 54 题

人喝什么东西的时候会变成鬼？

☀ 第55题

如果有一辆汽车，小李是司机，小王坐在小李后面，小赵坐在副驾驶的位置。你知道这辆汽车是谁的吗？

☀ 第56题

姑妈送给小花一只小猫，这只小猫没有死掉，也没有跑掉，小花也没有把它送人，为什么三个月后姑妈来小花家再没有看见小猫？

☀ 第57题

什么人一天就变老了？

☀ 第58题

什么人生病从不看医生？

☀ 第59题

一对健康夫妇为什么生出了只有一只右手的婴儿？

☀ 第60题

把黑豆和绿豆放在一个盘子里，为什么小强能一下子把它们分开了呢？

☀ 第61题

有一匹斑马面朝北站着，过了一会儿，它向西走了10步，又向南走了8步，之后又向东走了5步。那么你知道它的尾巴朝什么地方吗？

☀ 第62题

面朝南和面朝北站着的两个人，不允许走动，也不允许回头，更不允许双方照镜子。那么他们是否能看到对方的脸？

☀ 第63题

两对父子去肯德基吃午餐，每人都要了一份15元的超值午餐，但付账的时候却只付了45元，这是为什么呢？

☀ 第64题

小刘是很普通的人，但是他竟然可以十几个小时不眨眼睛。你知道这是为什么吗？

☀ 第65题

有件事情，每个人都能做，但两个人不能一起做，你知道这是什么吗？

☀ 第66题

甜甜的妈妈整天都唠叨不停，但是有一个月她的唠叨最少，为什么？

☀ 第67题

小刚的爸爸有三个儿子，老大叫大毛，老二叫二毛，老三叫什么？

☀ 第68题

北冰洋的中间是什么？

☀ 第 69 题

一公斤的棉花和铁块哪个比较重一点？

☀ 第 70 题

一个人到了国外，为什么他所遇到的都是中国人？

☀ 第 71 题

什么人一年到头仅仅上一天班，却从来不担心被解雇？

☀ 第 72 题

公司的老板从不会做饭，但是有一种菜他却特别拿手。你知道是哪一种菜吗？

☀ 第 73 题

北极熊吃肉，为什么它却不吃企鹅？

☀ 第 74 题

鸡蛋一打有多少个？

☀ 第 75 题

为什么吃完晚饭后，小乐总是喜欢坐在电视机前看电视？

☀ 第 76 题

下雨天三个人在街上冒雨走，为什么只淋湿了一个人？

☀ 第 77 题

一天晚上，蓝蓝正在家看故事书，妈妈突然把电灯关了，房间内一片漆黑，但是蓝蓝仍然手不释卷，读得津津有味。这是怎么回事？

☀ 第 78 题

毛毛的生日在二月二十八，你知道是哪年的二月二十八吗？

☀ 第 79 题

一只非常凶猛的饿猫为什么看到一只老鼠后拔腿就跑?

☀ 第 80 题

一年 12 个月份中,有的月份是 31 天,有的月份是 30 天。那么有 28 天的是哪个月份呢?

☀ 第 81 题

每当第一缕阳光射进窗户时,小张就起床了,尽管这样,为什么还是很多人叫他"懒虫"呢?

☀ 第 82 题

教师节这天,梅梅买了 3 束鲜花,莉莉买了 2 束鲜花,她们将花合在一起准备送给老师,你知道老师共收到了多少束鲜花吗?

☀ 第83题

有一种球，人人都知道也经常提起，但却从来没有人真正能够拍过它、踢过它或者抛过它。你知道这是什么球吗？

☀ 第84题

一个猎人，一支枪，一头狼。猎人离狼20米，枪的射程是10米，狼和猎人都不动，最后猎人竟然一枪打死了狼。他是怎么做到的？

☀ 第85题

有三个小朋友在猜拳，一个出剪刀，一个出石头，一个出布，请问三个人共有几根手指头？

答 案

1. 地球仪。

2. 叫救命。

3. 上厕所的时候。

4. 妈妈。

5. 一个人，其他人并没说去。

6. 当然没有，爸爸小时候还没有你呢！

7. 在铁轨上。

8. 在手术台上时。

9. 因为他们在打一个叫"麻将"的人。

10. 创可贴在镜子上了。

11. 斗鸡眼。

12. 因为小孩是他女儿。

13. 因为是遥控车比赛。

14. 因为他是给别人刮脸。

15. 因为下面没有水。

16. 人紧闭两眼，猴子也两眼紧闭，但人什么时候睁开眼睛，猴子是永远不知道的。

17. 因为丁丁是追星族，他了解明星。

18. 不会。因为72小时后还是半夜12点，不管是晴天还是雨天，都不会出现太阳。

19. 因为她带走的是公司办公室信箱唯一的一把钥匙，她又把钥匙寄到被锁起来的信箱里。

20. 坟墓。

21. 那是一只盲眼猫头鹰。

22. 因为小王问的是现在几点了。

23. 因为她穿的是高跟鞋。

24. 沉默。

25. 因为她是倒着走的。

26. 因为他在打电话。

27. 因为他脱的是雨衣。

28. 芭蕾舞演员。

29. 空气。

30. 猪血。

31. 拔河比赛。

32. 因为他们正在下象棋。

33. 因为那个警察是女的。

34. 因为后面的草全被吃光了。

35. 因为会同时装错两封，不可能是一封。

36. 因为他儿子就是那位记者。

37. 因为小昭在等秘书帮他写。

38. 名字。

39. 因为那名男士是剧中人物。

40. 因为李明是教师。

41. 因为那天是周末，没有人上班。

42. 因为她是乘坐飞机经过甲市的。

43. 因为欧阳先生是一位中医。

44. 因为警察要打车。

45. 同样是三分钟。

46. 外国人用汉语与他攀谈。

47. 他要买的就是柜台。

48. 因为小年是在家里捡的钱。

49. 他是划拳高手。

50. 演员。

51. 属于鸡。

52. 嫦娥。

53. 脉搏。

54. 酒。

55. 如果的。

56. 它已长成大猫了。

57. 新娘。因为今天是新娘，明天就是老婆了。

58. 双目失明者，因为他们本来就"看"不见。

59. 因为每个人都只有一只右手。

60. 因为盘子里面只有一颗黑豆，一颗绿豆。

61. 朝地。

62. 当然能，因为他们是面对面站着的。

63. 因为他们是祖孙三代，爷爷、爸爸和儿子。

64. 在睡觉的时候，小刘可以十几个小时不眨眼睛。

65. 做梦。

66. 因为二月份天数最少。

67. 小刚。

68. 冰。

69. 一样重。

70. 因为他是从外国到中国。

71. 圣诞老人。

72. 炒鱿鱼。

73. 吃不到。它在北极，企鹅在南极。

74. 被打碎了，一个也没有了。

75. 因为站久了脚会酸。

76. 这是一个怀着双胞胎的妇人。

77. 因为蓝蓝是一位盲人，她在读盲文。

78. 每年的二月二十八。

79. 撒腿去追老鼠。

80. 每个月。

81. 因为小张卧室的窗户朝西，他是下午才起床。

82. 一束鲜花。

83. 地球。

84. 因为枪长10米。

85. 30根，每人10根。

第三章

感官实验
——触类旁通找关联

第1题

什么动物最爱迷路？

第2题

稀饭贵还是烧饼贵？

第3题

从1到9哪个数字最勤劳，哪个数字最懒惰？

第4题

什么路最窄？

第5题

人在不渴的时候也需要的水是什么水？

☀ 第6题

有人说女人是一本书,那么胖女人是什么书?

☀ 第7题

"杯"不是用木头做的,为什么是"木"字旁?

☀ 第8题

世界上什么东西比天高?

☀ 第9题

先有男人还是先有女人?

☀ 第10题

淘气在学校经常逃课,但是有一门课他始终很准时并且从不缺课。你知道是哪门课吗?

☀ 第 11 题

小丽身上只有五百元，下班后却和同事跑到百货公司疯狂购物，花了五千元，她是怎么做到的？

☀ 第 12 题

在我国，车子在马路上都是靠右边行驶。为什么杨先生在开车的时候靠左行驶，警察见了也不拦呢？

☀ 第 13 题

电梯除了比楼梯省时省力以外，最大的好处是什么？

☀ 第 14 题

你知道什么鱼最白痴吗？

☀ 第15题

小白家住 12 楼，他每天上学乘电梯到一楼，但是回来时却只搭到 8 楼，然后爬楼上去，这是为什么呢？

☀ 第16题

小猴子每分钟能摘 10 只香蕉，在菜地里，小猴子 10 分钟能摘多少只香蕉呢？

☀ 第17题

一只饿猫从一只胖老鼠身旁走过，为什么这只饥饿的猫竟无动于衷继续走它的路，连看都没看这只老鼠？

☀ 第18题

议价时，为什么老板拼命杀价，顾客却拼命抬价呢？

☀ 第19题

从前，遍地都是金的山是什么山？

☀ 第20题

小刚和爸爸一起下棋，每个人都下了10盘，那么他们总共下了多少盘呢？

☀ 第21题

爸爸送给小甘一份生日礼物，小甘竟然一脚把礼物踢好远，但是爸爸却并没有生气，这是为什么呢？

☀ 第22题

世界上最小的邮筒。（打一成语）

☀ 第 23 题

孔子与孟子有何不同？

☀ 第 24 题

以前，小蔡下了班就回家，他的妻子非常高兴。现在因为工作需要常常交际应酬，但是他每天比以前还要更早回家，为什么他的妻子却抱怨不断呢？

☀ 第 25 题

两个人到县官那里告状，其中一人说另一人拿豆腐砸伤了他，你认为可能吗？

☀ 第 26 题

一间屋子里到处都在漏雨，可是谁也没被淋湿，为什么？

☀ 第27题

有一个人骑自行车去城里办事。他去城里的时候，刚好一个小时就到了目的地。下午回来的时候，他和上午骑车速度一样，而且走的路程也相等，可是为什么他竟然用了两个半小时才回到了家呢？

☀ 第28题

我们都知道把大象放进冰箱里需要3步：1.把冰箱门打开；2.把大象放进去；3.把冰箱门关上。那么，把一只长颈鹿放进冰箱里需要几步呢？

☀ 第29题

妞妞和一群同学在路上走着，她看到一块西瓜皮，明明已经跨了过去，为什么还是摔倒了呢？

☀ 第30题

怎样看书最快？

☀ 第 31 题

什么字半个月才能写?

☀ 第 32 题

米汤淋头,请猜一名星。

☀ 第 33 题

小亮开着车子,却始终无法到达目的地,这是怎么回事呢?

☀ 第 34 题

第九次结婚。(打一城市名字)

☀ 第 35 题

风平浪静的城市在哪里?

聪明孩子喜欢的脑筋急转弯

☀ 第36题
在一个奇怪的场合，5比0强，0比2强，2比5强，请问这是什么场合？

☀ 第37题
黄河的源头在哪儿？

☀ 第38题
世界上最大的路通往哪里？

☀ 第39题
世界上有很多无价之宝，那么一颗心值多少钱呢？

☀ 第40题
张飞的妈妈姓什么？

☀ 第 41 题

台风天气要带多少钱才能出门？

☀ 第 42 题

要考试了，不能看什么书？

☀ 第 43 题

狼来了。（猜一水果名）

☀ 第 44 题

一个人一年中哪天睡觉时间最长？

☀ 第 45 题

夸父能追日，孙悟空翻一个跟头十万八千里，那么历史上到底哪个人跑得最快呢？

☀ 第46题

怎样才能使麻雀安静下来?

☀ 第47题

有个男人站在时速240千米的火车顶上,他仍然显得从容自如,毫不紧张,为什么?

☀ 第48题

布和纸怕什么?

☀ 第49题

一只羊在吃草，一只狼从旁边经过没有吃羊。（打一水生动物）

☀ 第50题

又一只狼经过，还是没有吃羊。（打一水生动物）

☀ 第51题

第三只狼经过，羊冲狼大叫，狼还是没吃羊。（打一水生动物）

☀ 第52题

麒麟到了北极会变成什么？

☀ 第53题

前面有一片草地。（猜一植物）

☀ 第 54 题

结婚的人为什么要先拍结婚照?

☀ 第 55 题

哪一个字站着和躺着是一样的呢?

☀ 第 56 题

什么鸡分布最广?

☀ 第 57 题

什么动物最容易被贴在墙壁上?

☀ 第 58 题

什么动物算高手?

☀ 第 59 题

人身上什么器官最大？

☀ 第 60 题

成功的母亲可能叫什么？

☀ 第 61 题

哪个欧洲国家的生意不批发？

☀ 第 62 题

胖妞生病了，最怕别人来探病时说什么？

☀ 第 63 题

人为什么要生两只耳朵？

☀ 第64题

什么"光"会给人类带来疼痛？

☀ 第65题

为什么大部分佛教徒都在北半球？

☀ 第66题

茉莉花、太阳花、玫瑰花，哪一朵花最没力？

☀ 第67题

王先生在饭店买了一碗鱼翅炒饭，可是一点鱼翅也没吃到，这是为什么？

☀ 第68题

哪种火车车厢最少？

☀ 第69题

米的妈妈是谁?

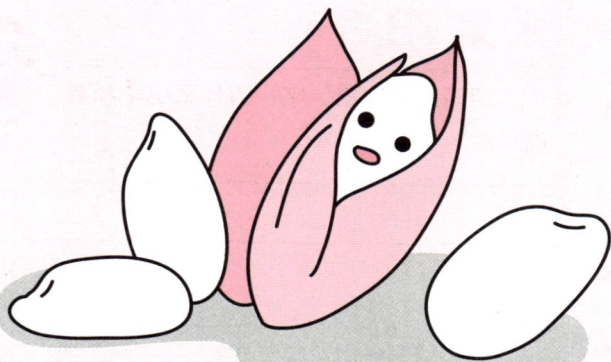

☀ 第70题

米的爸爸是谁?

☀ 第71题

米的外公是谁?

☀ 第72题

米的外婆是谁？

☀ 第73题

明明是个"错"字，为什么小华却要说"对"？

☀ 第74题

什么情况一山可容二虎？

☀ 第75题

4+4+4+4。（猜一种水果）

☀ 第76题

小玲放学回家后，发现自己忘了带钥匙，她该怎么做才能进家门呢？

☀ 第 77 题

"左顾右盼" "东张西望" "瞻前顾后"
这几个成语用在什么时候最适合?

☀ 第 78 题

马最不愿意到的地方是哪里?

☀ 第 79 题

兔子的眼睛为什么是红的?

☀ 第 80 题

为什么没钱比有钱高兴?

☀ 第 81 题

什么东西打碎后会自然和好?

☀ **第82题**

什么雨可以淋死人？

☀ **第83题**

鸡蛋和巧克力打架，巧克力赢了。（打一食品）

☀ **第84题**

鸡蛋不服输，又去找巧克力打架，结果还是输了。（打一食品）

☀ **第85题**

什么人每天靠运气赚钱？

☀ **第86题**

有一个字，人人见了都会念错，你知道是什么字吗？

☀ 第87题

袋鼠和猴子比跳高，为什么猴子一开始就赢了？

☀ 第88题

龟兔赛跑，猪在旁边叫"加油"。（打一食品）

☀ 第89题

小小的爸爸在打猎时，打到一只很有名的猪。（打一物品）

☀ 第90题

一只老鼠小声告诉小鸭子："我最近一直在和猫约会。（打一食品）

☀ 第91题

一天，土豆和包子在打架，土豆捅了包子致命的一刀。（打一食品）

☀ 第92题

一只鸡蛋去茶馆里喝茶，最后怎么了？

☀ 第93题

一只鸡蛋跑去山东会怎么样？

☀ 第94题

一只蜜蜂飞了一会儿，停在了日历上。
（打一成语）

☀ 第95题

一只狗过独木桥之后就不叫了。（打一成语）

☀ 第96题

一只黑螃蟹和一只红螃蟹赛跑，谁会赢？

☀ 第97题

蚂蚁、蜜蜂和蜈蚣，哪一种虫最不贪钱？

☀ 第98题

少了一本书。（猜一成语）

☀ 第99题

龟兔赛跑总是龟赢，兔子应该坚持比哪一项目才能赢得了乌龟？

☀ 第100题

一毛钱可以买几头牛？

☀ 第101题

为什么关羽比张飞先死？

☀ 第102题

一家洗衣店门口写着"二十四小时交货"，但是小虎拿了一件衣服去洗，为什么老板说需要三天才能拿回去？

答 案

1. 麋鹿（迷路）。

2. 稀饭，物以稀为贵。

3. 2最勤劳，1最懒惰，一不做二不休。

4. 冤家路窄。

5. 薪水。

6. 合订本。

7. 因为"杯"字"木"的旁边有个"不"。

8. 心比天高。

9. 男人。因为男人是"先生"。

10. 下课。

11. 她用信用卡。

12. 因为他正行驶在需要靠左行驶的国家。

13. 万一跌倒不会一路滚下去。

14. 鲨（傻）鱼。

15. 因为他个子太矮，按不到12层楼的按钮。

16. 0只。因为菜地里面没有香蕉。

17. 瞎猫遇到死耗子。

18. 因为顾客是来卖二手车的。

19. 旧金山。

20. 10盘。

21. 因为礼物是足球。

22. 难以置信。

23. 孔子把"儿子"背在身上，孟子把"儿子"扛在头上。

24. 因为他每天凌晨才回家。

25. 可能，因为是冻豆腐。

26. 因为是空房子。

27. 两个半小时就是一个小时。

28. 四步：1.把冰箱门打开；2.把大象放出来；3.把长颈鹿放进去；4.把冰箱门关上。

29. 因为别人踩到西瓜皮把她拽倒了。

30. 只看封面。

31. "胖"。

32. 周润发。

33. 因为他的车子倒着走。

34. 巴黎。

35. 宁波。

36. 在玩石头剪子布的游戏。

37. 天上，黄河之水天上来。

38. 通往天，有道是"大路通天"。

39. 一亿。因为一心一意（亿）。

40. 吴，无（吴）事（氏）生非（飞）。

41. 四千万。因为：没事

（四）千万别出门。

42. 百科全书（百科全输）。

43. 杨桃（羊逃）。

44. 一年中的最后一天，因为他要跨到第二年。

45. 曹操，因为说曹操曹操就到。

46. 压它一下（鸦雀无声）。

47. 因为当时火车还没开动。

48. 布怕一万，纸怕万一。因为不怕一万，只怕万一。

49. 虾（瞎）。

50. 对虾（瞎）。

51. 龙虾（聋瞎）。

52. 冰麒麟（冰激凌）。

53. 梅花（没花）。

54. 一拍即合。

55. "一"字。

56. 肯德基。

57. 海豹（海报）。

58. （猪）珠算高手。

59. 胆，胆大包天。

60. 失败（失败是成功
之母）。

61. 丹麦（单卖）。

62. 多多保重。

63. 兼听则明。

64. 耳光。

65. 南"无"阿弥陀佛。

66. 茉莉花，因为好一朵
美丽（没力）的茉莉花。

67. 因为做炒饭的厨师外
号叫"鱼翅"。

68. 救火车。

69. 是花，花生米。

70. 是蝶，蝶恋花。

71. 是爆米花，因为抱过
米也抱过花。

72. 妙笔，妙笔生花。

73. 确实是个"错"字。

74. 一公一母。

75. 石榴（16）。

76. 门没锁，打开就好了。

77. 过马路的时候。

78. 马尔代夫的首都马累。

79. 因为它赛跑输给了
乌龟。

80. 因为穷开心呀。

81. 水面。

82. 枪林弹雨。

83. 巧克力棒。

84. 鸡蛋面。

85. 送煤气罐的人。

86. 就是"错"字。

87. 因为袋鼠双脚起跳，
犯规了。

88. 朱古力（猪鼓励）。

89. 夜明珠（耶，名猪）。

075

90. 薯片（鼠骗）。

91. 豆沙（杀）包。

92. 变成了茶叶蛋。

93. 变成卤（鲁）蛋。

94. 风（蜂）和日丽（日历）。

95. 过目不忘（过木不汪）。

96. 黑螃蟹，因为红螃蟹是煮熟的。

97. 蜈蚣（因为无功不受禄）。

98. 缺一不可(book)。

99. 仰卧起坐。

100. 九头牛(九牛一毛)。

101. 因为红颜薄命。

102. 因为每天工作8个小时，3天刚好24个小时。

第四章

办法团队
——另辟蹊径解疑难

☀ 第1题

到饭店吃饭发现没带钱怎么办?

☀ 第2题

一个国家里,同面值新印刷的纸币竟然不一样,为什么?

☀ 第3题

环环和小狗玩得正高兴,但是却发现小狗变得越来越小了,你知道这是为什么吗?

☀ 第4题

一天慢24小时的表是什么表?

☀ 第 5 题

有一瓶正宗的葡萄酒,瓶口用软木塞塞住。在不敲碎瓶子、不准拔去瓶塞、也不能在瓶塞上钻孔的前提下,怎样才能喝到瓶子中的酒呢?

☀ 第 6 题

5 个橘子要分给 7 个小朋友,怎么分才公平?

☀ 第 7 题

牛牛说他的文具盒谁也跨不过去,同学们都不信。但是牛牛最后把文具盒放在了一个地方,同学们最后都相信了。你知道他放在了哪里吗?

☀ 第 8 题

有一根棍子,要使它立即变短,但不许锯断、折断或削短,该怎么办?

☀ 第9题

小明说他能在一秒钟之内把房间和房间里的玩具都变没，你知道他是怎样做到的吗？

☀ 第10题

动物饲养员将一串香蕉挂在高高的竹竿上，要求大猩猩不踩凳子、不砍断竹竿拿下它。聪明的大猩猩很快就取到了香蕉。它是怎样拿到的呢？

☀ 第11题

南来北往的两个人，一个背着包袱，一个牵着自己的小狗，他们谁都没有为彼此让路，但是双方却同时顺利地过了独木桥。他们是怎么做到的呢？

☀ 第12题

你有办法让眉毛长在眼睛下面吗？

☀ 第 13 题

如果你买的机器人能够帮你干一半的工作，那么你会怎么办？

☀ 第 14 题

动物园的管理员为了制止游客向虎山随便扔东西，特地贴出了一个告示，上面并没有说罚款，但是游客再也没往里面扔过东西。你知道告示上写的什么吗？

☀ 第 15 题

怎样尽快把火扑灭？

☀ **第 16 题**

要想让梦变为现实，我们需要做的第一件事是什么呢？

☀ **第 17 题**

娜娜说她有千里耳，可以听到几千里以外的声音。你知道她怎么做到的吗？

☀ **第 18 题**

乐乐向别人夸耀自己可以一只手放一百个风筝，你知道他是怎样做到的吗？

☀ **第 19 题**

有一个问题，不论你问到任何人，答案都是"没有"，请问那是什么问题？

☀ 第20题

若是有人要你单手举起大象该怎么办?

☀ 第21题

一个乞丐总是幻想着能够在一夜之间变成百万富翁。那么他该怎么办?

☀ 第22题

什么情况下四减一会等于五?

☀ 第23题

什么方法可以马上找到遗失的图钉?

☀ 第24题

怎样使一只用纸叠的船在水里不会被水浸坏?

☀ 第25题

一只瓶子里装满了水，如果要使水从瓶中最快倒出来，最好采取哪种办法？

☀ 第26题

怎样才能将一个西瓜4刀切成9块？

☀ 第 27 题

一座 10 米长桥最大载重量是 3 吨，现在有一辆 3 吨重的卡车，上面装载着一根重 2 吨的铁链。要经过这座桥，不能将卡车以及铁链分开，请问有什么简单可行的方法可以使卡车安全经过？

☀ 第 28 题

一只非常瘦的饿狼发现了一个羊圈，它勉强从羊圈的窄口处挤了进去。为了避免被猎人发现，它要把羊拖出来，好好饱餐一顿，可是出口太窄，不过最后狼想到了一个办法，还是美美地大吃了一顿。你知道它用的是什么办法吗？

☀ 第 29 题

文文乘电梯上 12 楼，中间没有停，用了一分钟，下楼时也没有停，却用了 5 分钟，你知道这是什么原因吗？

☀ 第30题

增长智慧的最好办法是什么？

☀ 第31题

轩轩说他很轻松就能跨过一棵大树，你知道他是怎样办到的吗？

☀ 第32题

李丽从20层楼上跳下去，怎样才会没有事呢？

☀ 第33题

妈妈买了10个鸡蛋，她让可可把这些鸡蛋装进6个袋子中，每个袋子中鸡蛋的数量必须都是双数，可可该怎么做呢？

☀ 第34题

一张麻将牌背面朝上放在桌子上，你能否想出一个好办法，知道这张麻将牌是什么吗？

☀ 第35题

一位赛车手花了没几天时间，就把自己3岁的儿子造就成一名杰出的赛车手，你知道他是怎么做到的吗？

☀ 第36题

甲的左眼是假的，右眼很正常。一天在与乙打赌的时候，他说自己能够咬到自己的左眼。乙不信，于是甲把左眼取下来咬了一下。不过乙说他不可能咬到自己的右眼，但是最后甲真的赢了，他是怎么做到的呢？

☀ 第 37 题

一条河的对岸是一片桑树林，桑树林里有很多蚕。这条河大约宽两米，中间并没有桥。请问蚕如何才能到达对岸？

☀ 第 38 题

张伯伯套着一匹马赶路，走了几公里嫌太慢，于是就又套了一匹马。最后竟然两匹马都没有拉动这辆马车，你知道为什么吗？

☀ 第 39 题

房间又乱又脏，怎么才能在最短的时间内弄干净？

☀ 第 40 题

大强练就了"吃西瓜不吐籽"的绝招，请问他是怎么做到的？

☀ 第 41 题

小李歌唱得不错，但为什么老是得不了第一名呢？

☀ 第 42 题

小芳每天搭公共汽车，但是从来不花钱，她怎么才能做到？

☀ 第 43 题

大富翁快要死了，却担心不成器的儿子坐吃山空，他该怎么办才好？

☀ 第 44 题

将军要挑选敢死队员，下令让志愿者向前一步，尼克原地不动，为什么最终却光荣入选了呢？

☀ 第 45 题

爷爷买了 5 颗糖，想把它们平均分给 2 个孙子，但又不愿意把剩下的糖切开。你觉得他应该怎样做才公平呢？

☀ 第 46 题

一只鞋掉进了大海里，该怎么办？

☀ 第 47 题

什么办法才能让我们在闭着眼睛的时候看到东西？

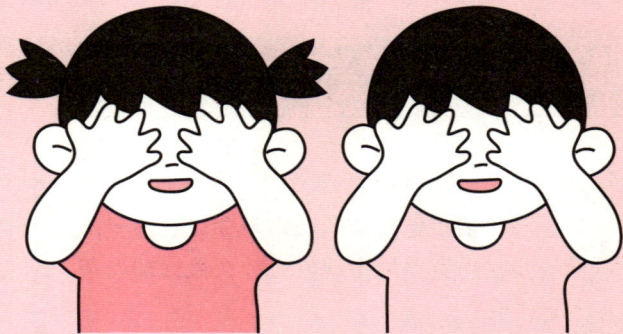

☀ 第48题

一个小学生想跳过一条1米宽的小河，试了几次都失败了。但是最后他什么工具都没有用，就直接跳过去了，你知道他用了什么好办法吗？

☀ 第49题

一辆装着大集装箱的卡车需要穿过天桥，但是集装箱的顶部超出天桥1厘米。集装箱又大又重，不可能卸下。但是绕道走势必就会耽误送货的时间。面对这种情况，你会用什么办法让卡车顺利穿过天桥呢？

☀ 第50题

癞蛤蟆怎样才能吃到天鹅肉？

☀ 第51题

杰克写信的时候，将寄信人和收信人的地址弄反了，结果信又寄回了自己的家中。那么怎样才能不花钱就将信直接寄给收信人呢？

☀ 第52题

人们吃冰棒总是越舔越小，为什么安仔却说他有办法让冰棒越舔越大呢？

☀ 第53题

两辆3吨重的车在一座限重5吨的桥边停下了。其中一辆已经抛锚，前一辆车拖着它。请问用什么办法才能顺利通过这座桥呢？

☀ 第54题

上午10点整，一辆南下的火车和一辆北上的火车都非常准时的通过了同一条单线铁轨，但却行驶得很安全没有相遇，这到底是怎么回事？

☀ 第55题

治疗"口臭"的最佳方式是什么?

☀ 第56题

怎样一刀下去将一根完整的绳子剪断,使之依旧是一根完整的绳子?

☀ 第57题

小张去商店买了一支五角的棒棒糖,小张没零钱,给了售货员一元,可是售货员说找不开,小张怎么办?

☀ 第58题

在不能用手的情况下,怎样才能将桌上的一碗面吃完?

☀ 第59题

如果你有一只会唱歌的金鸡，你会怎么办？

☀ 第60题

有个地方发生了火灾，虽然有很多人在救火，但就是没人报火警，为什么？

☀ 第61题

如何教一只螃蟹爬山？

☀ 第62题

画画坐公共汽车为什么不付钱？

第63题

不会讲外语的大王和不会讲中文的外国游客有说有笑，你知道他是怎么办到的吗？

第64题

逃课大王闹闹一天将硬币抛向空中，正面朝上就去打篮球，背面朝上就去看电影，如果硬币立起来，你知道他会选择去做什么吗？

第65题

小华想让一束花永远也不会枯死，请问该怎么做？

第66题

大灰狼从小红帽的面前经过，为什么大灰狼没有发现她呢？

☀ 第 67 题

马应该怎样才能过河呢?

☀ 第 68 题

妮妮读了十三年书,为什么还在读一年级呢?

☀ 第 69 题

被别人放了鸽子最高兴的是谁?

☀ 第 70 题

阿隆在一次考试中,试卷上的每道题他全部答对,为什么他却没有得满分?

☀ 第71题

　　大胖去参加 1000 米赛跑的时候，一路领先，但最后不慎摔了一跤，为什么最终还是得了第一名？

☀ 第72题

你会用什么区分东西南北？

☀ 第73题

　　小玉的妈妈让她背诵《弟子规》，她竟然一分钟就会背了，你知道她是怎样做到的吗？

答案

1. 刷卡。

2. 号码不一样。

3. 因为小狗跑开了。

4. 停着不会走的表。

5. 把塞子推到瓶子里。

6. 将橘子榨成汁。

7. 放在墙角。

8. 拿一根更长的棍子跟它比。

9. 很简单，把眼睛闭上。

10. 把竹竿放倒。

11. 南来北往是一个方向，自然可以通过独木桥。

12. 倒立。

13. 再买一个机器人。

14. 上面写着"凡向虎山扔东西者，必须自己捡回"。

15. 在"火"上加一横变成"灭"字。

16. 醒过来。

17. 通过打电话。

18. 他在风筝上写着"一百个"。

19. 问题是：你睡着了没有。

20. 先让他找到能站在手掌心的大象再说。

21. 做梦。

22. 四个角的东西切去一个角。

23. 打赤脚。

24. 在纸上涂一层蜡。

25. 将瓶子打碎。

26. "井"字形切。

27. 让卡车拖着铁链即可。

28. 先把羊咬死，咬成一块一块的，然后再运出去吃掉。

29. 因为下楼没有坐电梯，走的是楼梯。

30. 吃一堑长一智。

31. 那棵树是被砍倒的树。

32. 往里跳。

33. 每个口袋中装2个鸡蛋，最后把装鸡蛋的5个口袋再装进第6个口袋中。

34. 直接将麻将牌掀开即可。

35. 他儿子开的是玩具赛车。

36. 他把自己的假牙拿下来咬了一下右眼。

37. 等变成飞蛾之后。

38. 因为张伯伯在相反的方向套了一匹马，马的力量相抵消了。

39. 闭上眼睛。

40. 吃"无籽西瓜"。

41. 因为别人唱得更好。

42. 成为公交售票员。

43. 规定他以后站着吃。

44. 因为其他人都后退了一步。

45. 每个孙子两颗糖，自己一颗。

46. 再去买一双。

47. 做梦。

48. 长大了自然就跳过去了。

49. 将大卡车轮胎的气放掉一部分即可。

50. 等天鹅死了。

51. 写上"查无此人"放在邮箱里。

52. 在南极或者北极舔冰棒。

53. 用一根比较长的绳索牵引着即可。

54. 因为日期不一样。

55. 闭嘴。

56. 将绳子结成圆形圈。

57. 再拿同样的棒棒糖。

58. 使用筷子。

59. 掐自己一下，不要再做梦了。

60. 消防队着火了。

61. 让它横着上去就行了。

62. 因为公共汽车还停在站里呢。

63. 他们在用哑语交流。

64. 去上课。

65. 把这束花画在纸上。

66. 因为小红帽没有戴帽子。

67. 走"日"步。

68. 她读的是大学一年级。

69. 鸽子。

70. 因为他考的是判断题。

71. 因为其他人都陷进大胖摔出来的坑里了。

72. 把"东西南北"加上顿号。

73. 她背诵的是"弟子规"这三个字。

第五章

开心·乐园
——超级爆笑真有趣

聪明孩子 喜欢的 脑筋急转弯

☀ 第1题

为什么大雁秋天要飞到南方去？

☀ 第2题

兵兵的爸爸什么时候像个孩子？

☀ 第3题

铁放在外面会生锈，那黄金呢？

☀ 第4题

丁丁拿着石头向玻璃砸去，为什么玻璃没有碎？

102

☀ 第 5 题

亚当和夏娃最大的遗憾是什么?

☀ 第 6 题

参加中考时,除了准考证之外,最重要的是什么?

☀ 第 7 题

小姐俩为早饭争执不休。姐姐说要吃蒸蛋,妹妹说要吃煎蛋,妈妈赶紧出来调和。谁知刚说了一句话,姐姐就直说妈妈偏爱妹妹。你知道妈妈说了什么吗?

☀ 第 8 题

什么车坐不了?

聪明孩子喜欢的 脑筋急转弯

☀ 第9题

老黄去一家只有一扇门的餐厅吃饭，他看见很多客人从那扇门里进进出出，但是为什么老黄使出吃奶的力气也没有推开餐厅那扇门呢？

☀ 第10题

冰冰的爷爷虽然没有什么特异功能，但是却能一只脚站在鸡蛋上，又不会把鸡蛋弄破。你知道他是怎么做到的吗？

☀ 第11题

什么动物天天熬夜？

☀ 第12题

为什么公主结婚后就不挂蚊帐了呢？

104

☀ 第13题

一个小学生走路的时候撞在了电线杆上，为什么最后连手也很疼?

☀ 第14题

一个地主的左右邻居都养了狗，一到晚上，两家的狗就吠叫不停。最后地主和他们商量说只要他们搬家，那么地主每人给他们搬家费1000元。最终邻居同意并且也搬了家。可是一到晚上，地主还是听到了完全相同的狗吠声。你知道这是怎么回事吗?

☀ 第15题

生物老师告诉同学们蚯蚓被切成两半并不会死，为什么一个同学照着老师的话去做，蚯蚓却死了呢?

☀ 第 16 题

为什么很多小朋友一走到"友朋小吃"的店门口，都被吓得急匆匆逃跑了呢？

☀ 第 17 题

百米赛跑中，大黄比小黄跑得快，为什么最后大黄却输了？

☀ 第 18 题

全世界死亡率最高的地方是哪里？

☀ 第 19 题

早上醒来，每个人都会做的第一件事是什么？

☀ 第20题

　　冬天来了，天渐渐变冷了。小蜈蚣终于鼓起勇气向爸爸说了一句话，但是爸爸听了之后就晕过去了。你知道小蜈蚣说了什么吗？

☀ 第21题

　　一条河上面没有渡河的工具，毛毛虫却顺利地过去了，你知道它是怎么做到的吗？

☀ 第 22 题

左看像钟表，右看像钟表，和钟表没什么两样，但就是不会走。这是什么东西呢？

☀ 第 23 题

向日葵跟随太阳转动，那么阴天的时候会向着哪里呢？

☀ 第 24 题

为什么小白兔不嫁给斑马呢？

☀ 第 25 题

卖水的人看见长江会产生什么想法？

☀ 第26题

一坛酒被埋了一千多年，结果会变成什么？

☀ 第27题

弯弯买了一本书，可是第二天家人发现那本书在水里泡着，为什么？

☀ 第28题

小春上街买水果，买了一堆苹果，一堆草莓，一堆香蕉，一堆樱桃，他一共买了几堆东西？

☀ 第29题

熊猫元元一生有一个最大的遗憾，你知道是什么吗？

☀ **第30题**

妈妈让儿子拿个碟子放菜，儿子跑得很快，并且也拿来了碟子，但为什么被批评了一顿？

☀ **第31题**

某明星上台演出，总是只戴一只手套，你知道为什么吗？

☀ **第32题**

金木水火土，谁的腿最长？

☀ **第33题**

一只公鸡加一只母鸡。（猜三个字）

☀ **第34题**

人们常夸秃顶的人聪明绝顶。一个人故意去剃光了头发，是为什么？

☀ 第35题

怎样才能避免买到里面已经孵出小鸡的蛋呢?

☀ 第36题

草地上画着一个直径十米的圆圈,圆圈内有一头牛,被一根五米长的绳子拴着,请问如果不剪断绳子,也不解开绳子,牛有没有可能吃到圆圈外的草?

☀ 第37题

有一艘船限载50个人,现在船上已经有了49人,又上来一个孕妇,结果船沉了,究竟怎么回事?

☀ 第38题

在战争前夕,拿破仑对他的士兵高喊"冲啊",为什么他的士兵依旧站着不动呢?

☀ 第 39 题

一位患者张开嘴巴后，牙医惊讶地大叫："哇，你的牙齿上面有一个很大的洞！哇，你的牙齿上面有一个很大的洞！"你知道为什么牙医连叫两遍吗？

☀ 第 40 题

一个人经常失眠，于是向医生求助。医生说："数羊吧，从一开始一直数下去，慢慢就睡着了。"但是那人说绝对不行。为什么？

☀ 第 41 题

插在牛鼻子上的花叫什么花？

☀ 第 42 题

一名上尉很奇怪，在训练新兵的时候，他总是喜欢让高大的站前面，矮小的站后面。你知道这是什么原因吗？

☀ 第 43 题

蝎子和螃蟹玩猜拳，为什么决战了两天，还是没有分出来胜负呢？

☀ 第 44 题

一个人从单身、结婚到生孩子，给乞丐的钱变得越来越少。为什么乞丐为此很生气？

☀ 第 45 题

桥下限高 10 米，但是船上的货物已经达到了10.3 米，那么船主应该怎么办呢？

☀ 第 46 题

你有一艘船，船上有十五位船员，六十位乘客，三百吨货物。你能根据上面的提示，算出船主的年龄吗？

☀ 第47题

什么人一生下来就被别人称王?

☀ 第48题

大发明家爱迪生出生后的第一句话是什么?

☀ 第49题

老师让江江把"姐姐去学校上学"改为将来式,你知道江江怎样改得让老师哭笑不得?

☀ 第50题

大街上有个人仰着头站着,旁边的人以为天空中有什么好看的东西,都跟着仰头望着天空。可天空中什么也没有,你猜那人怎么说?

☀ 第51题

你知道大雁得什么病最让人头疼吗？

☀ 第52题

一只蚂蚁从高空的飞机上掉下来，你知道它是怎么死的吗？

☀ 第53题

包公的脸为什么是黑的？

☀ 第54题

为什么家里的鸡喜欢缩一只脚睡觉?

☀ 第55题

什么东西到晚上才有尾巴?

☀ 第56题

理发师最不喜欢的人是谁?

☀ 第57题

一天,火柴的头很痒,它去挠,但是头却着火了。被送到急诊室,当它出来之后,它的身份却变了。你知道它变成了什么吗?

☀ 第58题

仔细想一想，我们见到过的最大的影子是什么？

☀ 第59题

一个人买到了假的东西，但是他不仅不生气，而且还很高兴，这是怎么回事？

☀ 第60题

大家都不想得到的是什么？

☀ 第61题

为什么金鱼看上去呆呆的、傻傻的?

☀ 第62题

妈妈在用电熨斗熨衣服的时候,电话响了。谁知她误把电熨斗当成电话,烫伤了左耳。可是为什么她的右耳也被烫伤了呢?

☀ 第63题

有一个粗心的人把自己骑的马弄丢了,他非但没有伤心,反而还很高兴地说"谢天谢地"。你知道这是为什么吗?

☀ 第64题

刚刚和明明的试卷一模一样,为什么明明得了99分,刚刚却一分没得呢?

☀ 第65题

做完手术之后，护士告诉粗心的医生："您把剪刀忘在他肚子里面了。"你知道医生说了什么，让病人吓晕过去了吗？

☀ 第66题

一只鸟刚飞进歌舞厅，为什么立即掉在了地上？

☀ 第67题

黑马王子和白雪公主结婚后，生下了一个小女孩，你知道小女孩叫什么名字吗？

☀ 第68题

为什么一只蚂蚁看见一头大象走过来，赶紧伸出一条腿？

☀ 第69题

明明是放糖的盒子，为什么上面却写着"盐"？

☀ 第70题

喝醉酒的萝卜叫什么？

☀ 第71题

一位事业失意的男士，桌上放着一把刀。他想干什么？

☀ 第72题

为什么两个老奶奶对5岁的当当叫"伯伯"，当当竟然不生气呢？

☀ 第73题

冰变成水最快的方法是什么？

☀ 第74题

辉辉上课经常打瞌睡，这天老师提问他："岳飞是被谁害死的？"你知道辉辉是怎么说的吗？

☀ 第75题

健健的书包里放着一个鸭蛋，为什么他始终不愿意拿出来让妈妈做饭呢？

☀ 第76题

为什么吸血鬼不喝果汁或是蔬菜汁呢？

答 案

1. 因为"走"太慢了。

2. 兵兵爸爸小的时候。

3. 没了。

4. 因为没砸到。

5. 没有人喝喜酒。

6. 记得起床。

7. 不要"争"了。

8. 风车。

9. 那扇门需要拉开。

10. 因为冰冰爷爷的另一只脚在地上站着。

11. 熊猫呀，眼圈都黑了。

12. 因为她嫁给了青蛙王子。

13. 因为他把电线杆狠狠地揍了一顿。

14. 因为邻居相互交换了住房。

15. 因为他把蚯蚓竖着切成两半了。

16. 因为小朋友误以为上面写着"吃小朋友"。

17. 因为大黄跑错了方向。

18. 床上。

19. 睁眼。

20. 它说："爸爸我要买鞋。"

21. 变成蝴蝶飞过去的。

22. 坏掉的钟表。

23. 向着光头的人。

24. 因为兔子妈妈说有文身的不是好孩子。

25. 哇，这么多钱！

26. 酒精。

27. 因为他认为那本书太"枯燥"了。

28. 一堆，因为他把所有的都堆在一起了。

29. 没有彩色照片。

30. 因为他拿的是光碟。

31. 因为他总想露一手。

32. 火。因为火腿肠（长）。

33. 两只鸡。

34. 自作聪明。

35. 买鸭蛋、鹅蛋等，只要不买鸡蛋就行。

36. 没说牛是被拴在木桩上。

37. 因为这是一艘潜水艇。

38. 因为士兵们听不懂汉语。

39. 因为第二遍是回声。

40. 因为他是拳击运动员，数到八就一定要站起来。

41. 牵牛花。

42. 因为上尉之前是摆水果摊的。

43. 因为它们只会出剪子。

44. 乞丐认为：这是拿他的钱去养家。

45. 拿几块石头放在船上，让船下沉一点。

46. 你就是船主，年龄还用算吗？

47. 姓王的人呗。

48. "哇"！

49. "姐姐的儿子去学校上学。"

50. "我的鼻血终于止住了。"

51. 恐高症。

52. 饿死的。因为蚂蚁比较轻，在高空下落的时候，飘了很久。

53. 因为包公的额头上有个月亮，月亮都是晚上出来。

54. 因为缩两只脚就会摔倒。

55. 流星。

56. 秃顶的人。

57. 棉花棒，头被包扎起来了。

58. 地球的影子，即每天晚上。

123

59. 因为他买的是假发。

60. 病。

61. 因为它们整天在水中，脑袋进水了。

62. 因为电话又响了一次。

63. 因为他认为，幸亏自己没有坐在上面，否则连自己也弄丢了。

64. 因为他把名字也抄成明明了。

65. 医生说："没事，我还有。"

66. 因为里面音量太大，小鸟用翅膀捂住耳朵，一下子就掉了下来。

67. 灰姑娘。

68. 因为它想绊倒大象。

69. 是为了骗蚂蚁。

70. 红萝卜。

71. 自己学着做饭。

72. 因为当当是阿拉伯人。

73. 去掉两点水。

74. 辉辉说："不是我。"

75. 因为那是试卷上的"大鸭蛋"。

76. 因为他害怕"汁"里的那个十字架。

第六章

创意天地
——丰富联想找缘由

☀ 第1题

杰森说"10+5=3"，他的妈妈称赞他："说得很对 。"这是怎么回事？

☀ 第2题

金太太一直心直口快，可是什么事情让她变得吞吞吐吐？

☀ 第3题

为什么天经常下雨？

☀ 第4题

在海边为什么不能讲笑话？

☀ 第5题

教室中为什么要有讲台？

126

☀ **第6题**

在一个国家里的同一时间，竟然有许多人在说着一模一样的话，这究竟是怎么回事？

☀ **第7题**

小明买了一只万年龟，可是第二天早上小明却发现万年龟死了，请问为什么呢？

☀ **第8题**

为什么冲天炮射不到星星？

☀ 第9题

一台湾人去夏威夷度假，结果在海边溺水，高喊救命，却没人理他，为什么？

☀ 第10题

这天盲人小惠去市场买菜，为什么在一处没有加盖的下水道前面，竟然没有失足，而是转身回去了呢？

☀ 第11题

小银上课睡觉，为什么老师没有批评他？

☀ 第12题

小玥骑在爸爸的身上装灯泡，为什么让爸爸原地打转呢？

☀ 第13题

三个日叫"晶",三个水叫"淼",那么三个鬼应该叫什么?

☀ 第14题

记者问汽车大赛的冠军:"您每次比赛都是倒数第一,这次却一举夺魁,请问有什么诀窍?"冠军的回答让记者很失望,你猜他说了什么?

☀ 第15题

为什么暑假要比寒假长?

☀ 第16题

什么情况下,每个人都会主动发扬赴汤蹈火的精神?

☀ 第 17 题

什么事情天不知道地知道，你不知道我知道？

☀ 第 18 题

芳芳的爸爸在一次难度很大的考试中非常从容自在，这是怎么回事？

☀ 第 19 题

一个女人最讨厌吸烟的人，但是，一次她去一个朋友家参观新房后，连声说："抽烟好，抽烟好。"这是怎么回事？

☀ 第 20 题

"先天"是指父母的遗传，那么"后天"指什么？

☀ 第21题

平时晚饭后爸爸都洗碗，为什么今天没有洗？

☀ 第22题

赵奶奶从银行取了 1000 块钱，刚走到家门口就被劫匪抢走了。但是赵奶奶不仅不心疼，反而还哈哈笑。这是为什么？

☀ 第23题

海水为什么是咸的?

☀ 第24题

在什么样的情况下,手推车前有人推,后有人拉,但还是会向前进?

☀ 第25题

有两个人在指手画脚谈得热火朝天,为什么周围的人却不知道他们在说什么?

☀ 第26题

有一位律师准备离婚,站在太太的角度免费担任其辩护律师,并为太太争取了高额的赔偿金。但是为什么这位律师却没有一点损失呢?

☀ 第27题

两个小伙伴刚买了两件相同的衣服，但为什么他们穿的衣服还是不一样呢？

☀ 第28题

牢房里关押了两名罪犯。一名因为盗窃罪被关押了2年，另一名却是杀人罪，为什么却只被关押了两个星期？

☀ 第29题

你知道阿拉丁排行老几吗？

☀ 第30题

太阳、月亮和星星谁是男的？

☀ 第31题

一艘正在水上的船为什么会无缘无故地消失了?

☀ 第32题

小张的肚子明明已经胀得受不了了,为什么他还要不断地猛喝水?

☀ 第33题

天上有十个太阳,为什么后羿只射下九个?

☀ 第34题

隔壁的老爷爷过生日，当别人祝他长命百岁的时候，为什么老爷爷直接把他赶了出去？

☀ 第35题

肖恩的奶奶从老家坐了一天一夜的车去公司看望他，但为什么经理一见到她就气得七窍生烟呢？

☀ 第36题

一个夜黑风高的晚上，一个人在街上看见一个鬼，为什么那鬼却边叫"救命"边逃走了呢？

☀ 第37题

李莹在逛超市的时候，看见眼前有一张百元大钞，为什么她没有去捡？

☀ **第 38 题**

在进行语文考试时，郭强知道试卷的答案，为什么还要频频看同学的？

☀ **第 39 题**

黄金价格上涨了，为什么很多人都在抱怨，但王勇却很高兴呢？

☀ **第 40 题**

人类为什么要直立行走呢？

☀ **第 41 题**

用石头和铁块打头，哪一个会比较痛？

☀ **第 42 题**

什么东西不用的时候朝下，用的时候朝前？

☀ 第 43 题

媛媛的爸爸身体很健康，可是为什么每天还要去骨科医院呢？

☀ 第 44 题

小军过 12 岁生日的时候，为什么桌上有 13 支蜡烛？

☀ 第 45 题

青蛙为什么能比树跳得高？

☀ 第 46 题

一位卡车司机撞倒了一个骑摩托车的人，但是骑摩托车的人没事，而卡车司机受重伤了。这是为什么？

☀ 第47题

血缘关系、出生日期、父母名字都一样的模样相同的姐妹同时去中学报名，老师说她们是双胞胎，但她们一致否认了。请问这是为什么呢？

☀ 第48题

一个人掉进自家的游泳池，为什么他的脚没有湿呢？

☀ 第49题

在吃桃的时候，刚咬一口发现上面有一条虫子，我们会感觉恶心；如果发现两条虫子的话，我们会更恶心。但是当我们发现多少条虫子的时候，最让人恶心？

☀ 第50题

一天晚上，优秀士兵马哲站岗执勤的时候，明明看到敌人悄悄摸进机密室，但是为什么他却睁一只眼闭一只眼呢？

☀ 第 51 题

　　一辆没有开任何照明灯的汽车在漆黑的马路上行驶，天下着大雨，但是没有闪电没有月光也没有路灯。就在这时，司机发现不远处的前方有一个身穿雨衣的盲人横穿马路。就在这千钧一发的时刻，司机赶紧刹车，及时避免了一场事故的发生。这是怎么回事呢？

☀ 第 52 题

老高骑自行车骑了十公里，但周围的景物始终没有变化。为什么？

☀ 第 53 题

什么票最值钱也最不值钱？

☀ 第54题

一位通缉犯跑到了美容院，逼着美容师给他整了容，通缉犯大摇大摆地走出美容院。但是刚一出门就被警察抓住了。这是为什么？

☀ 第55题

一辆公交车发生了事故，所有人都受伤了，为什么玲玲却没事？

☀ 第56题

为什么警察叔叔对闯红灯的汽车司机视而不见呢？

☀ 第57题

笑笑住在学校里，为什么她上学仍然会经常迟到？

☀ 第58题

露露的爸爸双目失明，为什么他晚上出去的时候总是喜欢提着灯笼？

☀ 第59题

陈老太太得的并不是绝症，为什么医生却说她无药可救？

☀ 第60题

为什么老陈很有钱，很富有，但是别人却说他是个奴隶？

☀ 第61题

为什么企鹅的肚子是白色的？

答 案

1. 杰森说的是上午10点加5个小时是下午三点。

2. 在吃甘蔗的时候吞吞吐吐。

3. 因为地球要洗澡。

4. 因为会引起海啸（海笑）。

5. 提高老师的地位。

6. 因为他们在同时收听英语广播讲座节目的练习发声。

7. 昨晚刚好活满一万年。

8. 因为星星会闪。

9. 因为没人听懂中文。

10. 因为她想起自己忘带手杖了。

11. 因为老师没看见。

12. 螺口灯泡需要旋转才能安装好。

13. 叫"救命"。

14. 我的刹车坏了。

15. 热胀冷缩。

16. 吃火锅的时候。

17. 鞋底破了个洞。

18. 芳芳的爸爸是监考老师。

19. 她说的是抽油烟机。

20. 明天的明天。

21. 因为今天全家人在饭店吃的饭。

22. 因为那名劫匪是她孙子扮演的。

23. 因为鱼流的眼泪太多了。

24. 下坡的时候。

25. 因为他们是聋哑人，在用手语交谈。

26. 因为律师就是那位离婚的太太。

27. 因为是刚买的，还没有来得及穿。

28. 因为两个星期后他将被执行枪决。

29. 老四。阿拉甲、阿拉乙、阿拉丙、阿拉丁。

30. 太阳，因为是太阳公公。

31. 这是一艘潜水艇。

32. 他掉到河里去了。

33. 他不想摸黑回家。

34. 因为老爷爷过的是99岁生日。

35. 因为肖恩前几天请假，理由是"奶奶病逝"。

36. 因为那是一个胆小鬼。

37. 因为在别人手中。

38. 因为郭强是一位老师。

39. 因为王勇是金店老板。

40. 为了节省一双鞋子。

41. 头会比较痛。

42. 钥匙。

43. 因为她爸爸是骨科医生。

44. 因为那天晚上停电，有一支是用来照明的。

45. 因为树不会跳。

46. 因为卡车司机并没有开卡车，而是在步行。

47. 因为她们是三胞胎或者多胞胎。

48. 因为游泳池中没有水。

49. 半条。

50. 因为他正在瞄准敌人。

51. 漆黑是马路的颜色，当时是白天。

52. 因为他骑的是室内健身自行车。

53. 股票。

54. 因为美容师把他变成了另一个通缉犯的模样。

55. 因为玲玲没在车上。

56. 因为司机当时没开车，在步行。

57. 因为她住的学校并不是她上学的学校。

58. 因为害怕被别人无意间撞上自己。

59. 因为她无钱买药。

60. 因为他是守财奴。

61. 在水里游泳时，背朝天，晒黑了，而肚子在水里，所以是白的。

第七章

潜能园地
——智力闯关赢第一

☀ 第1题

什么地方物品出价越高客人越高兴?

☀ 第2题

电视对人类最大的贡献是什么?

☀ 第3题

报纸上登的消息可能会有不准确时候,但是有一种消息一定假不了。你知道是什么消息吗?

☀ 第4题

IX 是罗马数字 9,如何加上一笔让它变为一个偶数?

☀ 第5题

有一种细菌，经过1分钟，分裂成2个，再过1分钟，又发生分裂，变成4个。把这样一个细菌放在瓶子里到充满为止，需要1个小时。如果一开始时，将2个这样的细菌放入瓶子里，那么，到充满瓶子需要多长时间？

☀ 第6题

8个数字"8"，如何使它等于1000？

☀ 第7题

什么门永远关不上？

☀ 第8题

把24个人按5人排列，排成6行，该怎样排？

147

聪明孩子喜欢的脑筋急转弯

☀ 第9题

有一块天然的大理石，在清明节这天将它扔到长江，会怎么样？

☀ 第10题

一位年纪很大的老爷爷上了公交车，但是没有人让座，而且车上的人没有违反"讲文明懂礼貌"的原则，这是怎么回事？

☀ 第11题

什么东西经常会来，但却从没真正来过？

☀ 第12题

一个班级有49人，要选出一个班长，两个副班长，每个人只能投一票，可以投给自己，前三名得票最多的人当选。现在有7位候选人，不许弃权。请问最少需要获得几票才能确保当选？

148

☀ 第13题

胖妞阿蜜虽然上个月减掉了五斤的体重，但是称体重的结果和上个月是相同的，为什么？

☀ 第14题

什么房子失了火却不见有人跑出来？

☀ 第15题

什么海不产鱼？

☀ 第16题

悦悦拿起一杯满满的酸奶，请问她怎样才能用最短的时间喝到杯底的酸奶？

☀ 第 17 题

　　一把 11 厘米长的尺子，可否只刻 3 个整数刻度，即可用于量出 1 到 11 厘米之间的任何整数厘米长的物品长度？如果可以，问应刻哪几个刻度？

☀ 第 18 题

什么虎不吃人？

☀ 第 19 题

什么床不能睡？

☀ 第20题

正常人不看的书是什么书?

☀ 第21题

四个 9 相加为什么等于 100?

☀ 第22题

一条小船要渡 37 人,一次只能过 7 人,几次能渡完?

☀ 第23题

几个学生排队上校车。4 个学生的前面有 4 个学生,4 个学生的后面有 4 个学生,4 个学生的中间也有 4 个学生。请问一共有几个学生?

☀ **第24题**

周末丽丽去参加游泳比赛。集会那天，她和参加比赛的所有队员都亲切地握了一次手表示友谊。丽丽记得当时一共握了五十次手。那么你知道参加这次比赛的运动员一共有多少名吗？

☀ **第25题**

二三四五六七九。（打一成语）

☀ **第26题**

老王天天掉头发，只有一种办法能使他永远不掉头发。是什么办法呢？

☀ **第27题**

什么样的情况下，一加一绝对不等于二？

☀ 第 28 题

一堆西瓜，一半的一半比一半的一半的一半少半个，请问这堆西瓜有几个？

☀ 第 29 题

数字 0 到 1 之间加一个什么号，才能使这个数比 0 大，而比 1 小呢？

☀ 第 30 题

一张方桌锯掉一个角，还有几个角？

☀ 第 31 题

为什么妈妈让笑笑用"一边……一边……"造句时，笑笑竟然拒绝了？

☀ 第32题

小凡平时爱说话，嘴都闭不上，可现在为什么一声不吭？

☀ 第33题

小呆一天写作文时，发现不会写"重"字，于是拿了一本字典来查，但他却始终查不到，为什么呢？

☀ 第34题

你知道世界上什么东西既不怕晒也不怕湿吗？

☀ 第35题

将18平均分成两份，却不得9，你知道是多少吗？

☀ 第36题

有一个人被从几千米的高空掉下来的东西砸在头上，却没有受伤，为什么？

☀ 第 37 题

爱吃零食的小王体重最重时有 80 千克，但最轻时只有 3.5 千克，为什么？

☀ 第 38 题

电影院正在播放一部喜剧片，里面的男主角很幽默，为什么观众却表现得非常伤心呢？

☀ 第 39 题

张太太眼睛很厉害，无论东西大小，她总是能一会儿就找出来。但有一次她丢了一样东西，却费了九牛二虎之力才找到。你知道是什么东西吗？

☀ 第 40 题

今天胖胖吃了 10 条小鱼、3 头小猪、2 头牛，但是没过一会儿，他又叫饿了，这究竟是怎么回事？

☀ 第 41 题

仔仔语文、数学总共考了 200 分，但为什么环环却得了第一名？

☀ 第 42 题

什么的脚长年走路不穿鞋？

☀ 第 43 题

什么东西不大，却能装下比它大得多的东西？

☀ 第 44 题

夏天阳光很好，为什么一个人在太阳下走路却看不到自己的影子？

☀ 第 45 题

小勇和妈妈在同一个班里上课，请问这是怎么回事？

☀ 第 46 题

什么东西在倒立之后会增添一半？

☀ 第 47 题

有一张纸，上面有很多文字，但凡是看过该纸的人从不读出上面的文字，这是为什么？

☀ 第 48 题

动物园中，大象鼻子最长，鼻子第二长的是什么？

☀ 第49题

如果刘备、关羽还活着，世界会有什么不同？

☀ 第50题

什么老鼠跑得最快？

☀ 第51题

猪为什么喜欢没完没了地吃？

☀ 第52题

有一种东西，天气越热它爬得越高，你知道是什么吗？

☀ 第53题

磊磊跑步超过了第三名，你知道他是第几名吗？

☀ 第54题

在电源正常的情况下，为什么陈先生按了开关，电灯却没有亮？

☀ 第55题

说话结巴的人和辩论专家生下的儿子长大后会成为什么样的人？

☀ 第56题

有一个人去医院看病，但无论医生问他什么他都摇头，他到底得了什么病呢？

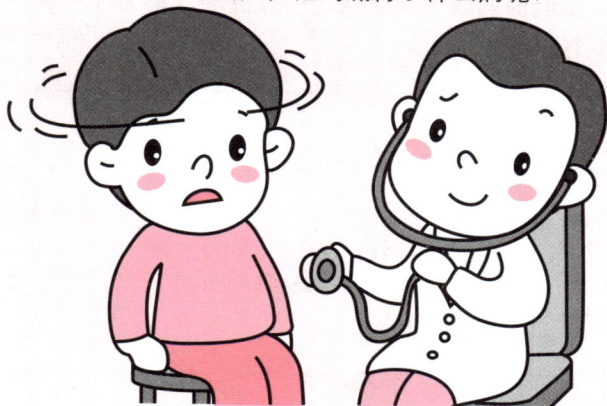

☀ 第57题

爸爸买彩票中了五百万元的大奖，为什么去领奖时人家不肯给？

☀ 第58题

小姨家有一只猫，为什么从来不捕捉老鼠？

☀ 第59题

小叶的妈妈不会游泳，但掉进了水里为什么没有被淹死？

☀ 第60题

一个人不慎从飞机上掉下来，为什么没有摔死呢？

☀ 第61题

小杰从来不读书，但却成为了优秀学生，这是为什么呢？

☀ 第62题

洪洪每次跑步都是倒数第一，为什么这次竟然成了正数第一？

☀ 第63题

超超的妈妈喜欢新东西，为什么超超却喜欢一些旧东西呢？

☀ 第64题

东东和楠楠住在一条街上，也一起上学，但是每天一放学，为什么一个向左走，一个向右走？

答　案

1. 典当行。

2. 让世界了解了准时的好处。

3. 日期。

4. 加个"S"，six是6的意思。

5. 59分钟。

6. 8+8+8+88+888=1000

7. 足球门。

8. 排成正六边形即可。

9. 沉到江底。

10. 因为车上有空座位。

11. 明天。

12. 按照最少的候选人数投票，也就是说假设这49票都投给了未当选的4个人，那么第三名一定要得到比平均数多的票才能当选，而平均数是49/4=12.5，所以至少要得到13票，才能确保当选。

13. 因为阿蜜的体重太重了，无论是减肥前还是减肥后，都已经使体重秤达到了最大值。

14. 太平间。

15. 辞海。

16. 用吸管吸。

17. 可以，刻度可位于2、7、8处。

18. 秋老虎。

19. 牙床。

20. 天书。

21. 9/9+99=100。

22. 6次，因为每次得回来一个划船的。

23. 8个。

24. 51人。

25. 缺衣少食。

26. 剃光。

27. 一大杯水倒进一斤面粉中，只会等于一块面团。

28. 2个。

29. 加个"·"成为"0.1"即可。

30. 五个。

31. 老师说一心不能二用。

32. 小凡睡着了。

33. 因为他拿的是英文字典。

34. 影子。

35. 10（分成上下两部分）。

36. 砸下来的是雪花。

37. 那是他刚出生的时候。

38. 因为扮演这位男主角的人刚过世。

39. 隐形眼镜。

40. 他吃的是动物饼干。

41. 他们不在同一个班。

42. 动物的脚。

43. 电视机。

44. 因为他撑了一把伞。

45. 因为小勇的妈妈是他的班主任。

46. 数字6。

47. 上面写着"不许读出"。

48. 小象。

49. 多了两个人。

50. 看见猫的老鼠。

51. 因为它想成为一只肉猪。

52. 温度计。

53. 第三名。

54. 因为他按的电视开关。

55. 大人。

56. 他就是因为老摇头才去看病的。

57. 还没有到兑奖的日期。

58. 因为那是一只玩具猫。

59. 她在洗澡。

60. 飞机停在地上。

61. 因为他是聋哑学生。

62. 只有她一人。

63. 因为他是一个古董收藏家。

64. 他们是对门邻居。

第八章

思维比拼
——应变训练看谁快

☀ **第1题**

吃饭的时候最讨厌什么？

☀ **第2题**

如果你一觉醒来发现自己长了一双翅膀，你会做什么？

☀ **第3题**

什么人是不用电的？

☀ **第4题**

职业登山运动员什么山上不去？

166

☀ 第5题

什么样的钉子最可怕?

☀ 第6题

什么动物最容易摔倒?

☀ 第7题

遇到什么事情最希望别人高抬贵手?

☀ 第8题

妈妈的哪一双鞋子最耐穿?

☀ 第9题

一只小鸡掉进河里了,最后被一只小鸭救了上来。那么,小鸡上岸后的第一句话是什么呢?

167

☀ **第10题**

小晨在一场激烈的枪战中身中数弹，血流如注，可为什么他还是能精神百倍地回家吃饭呢？

☀ **第11题**

为什么自由女神像老站在纽约港？

☀ **第12题**

一个四脚朝天，一个四脚朝地，一个很痛苦，一个却很高兴。你知道这是在干什么吗？

☀ **第13题**

小黄不是聋子，为什么小奥叫他他听不到？

168

☀ **第 14 题**

你知道兔子为什么不吃窝边草吗?

☀ **第 15 题**

左手永远抓不到什么?

☀ **第 16 题**

谁敢骑在老虎头上?

☀ **第 17 题**

醉鬼是什么人?

☀ **第 18 题**

加菲猫最喜欢什么狗?

☀ 第 19 题

艾宾站在第 20 层的阳台上观看风景，一不小心从护栏上掉了下来，为什么一点事也没有？

☀ 第 20 题

老师让学生写一篇 200 字关于牛奶的作文，为什么回家之后埃文写了 50 个字就说自己写完作业了呢？

☀ 第 21 题

从飞机上掉下来的东西砸到了人，但是人却没有受伤。这是什么原因呢？

☀ 第 22 题

一只蚂蚁竟然能从哈尔滨爬到海南，这到底是怎么回事？

☀ 第23题

老王头发已经掉光了，但为什么他还总是去理发店？

理发店

☀ 第24题

小明做判断题掷骰子决定答案，只有 20 道题，为什么小明却掷了 40 次呢？

☀ 第 25 题

从前有这样一个蛋商，在空房间的地板上放置四个蛋。然后用一个铁制的大滚筒，推压整个房间，蛋却一个都没破。这是为什么？

☀ 第 26 题

小庄终于考上了医科大学，有天晚上在校园里，他竟然看到了一个死去多年的高中同学，为什么？

☀ 第 27 题

为什么宝生穿着全新的没有破洞的雨衣，最后仍然是全身湿透？

☀ 第 28 题

什么时候丝网也可以提水？

☀ 第29题

换心手术失败，医生问快要断气的病人有什么遗言要交代，你猜他会说什么？

☀ 第30题

有一个人头戴安全帽，左手拿着电风扇，右手拿着水壶，脚穿溜冰鞋，身穿大棉袄。请问他要去哪里？

☀ 第31题

能否用树叶遮住天空？

☀ 第32题

在古代，什么人没当爸爸就先当公公了？

☀ 第33题

小明一个人睡觉，为什么醒来胳膊上却出现深深的牙印？

☀ 第34题

一个口齿伶俐的人，为什么只对着你微笑却讲不出话来？

☀ 第35题

狗让猫做饭。（猜一动物）

☀ 第36题

猫不做。（猜一动物）

☀ 第37题

狗只好自己做。（猜一动物）

☀ 第38题

牧师无论如何都不能主持的仪式是什么？

☀ 第39题

过一座桥需要 10 分钟，守桥人每隔 5 分钟就要巡逻一次，发现有人过桥，就会令其返回。请问用什么办法才能通过此桥？

☀ 第40题

有一个人在工作时，身体碰到了一块岩石，不到几分钟，这个人就去世了。你知道这是怎么回事吗？

☀ 第41题

世界上第一长河是尼罗河，第二长河是亚马孙河，我国的长江是世界上第三长河。那么在长江没有被测量出长度的时候，哪条河是世界第三长河呢？

☀ 第42题

夫妻生活中绝对的共同点是什么？

☀ 第43题

老天爷的女儿、儿子分别是谁？

☀ 第 44 题

有一种植物和动物合起来像鸡。（猜一物品）

☀ 第 45 题

把什么东西打破了不仅不会受到处分反而还会被奖励？

☀ 第 46 题

世界上最小的手铐是什么？

☀ 第 47 题

在哪里做事别人不可能看到？

☀ 第 48 题

地球上有 60 多亿人口，在这些人身上，哪一部分的颜色完全相同？

☀ 第 49 题

　　有一个人，无论他让你的头向上还是向下，你都会很乐意照他说的去做，这个人是谁呢？

☀ 第 50 题

最不听话的人是谁？

☀ 第 51 题

什么东西最容易满足？

☀ 第 52 题

在哪里太阳会从西边升起？

☀ 第 53 题

什么话可以世界通用？

☀ 第54题

常把手伸向别人包里的人，为什么却不是小偷？

☀ 第55题

马克是一位出色的作家，但是为什么几年了，马克连一篇小说也没写出来？

☀ 第56题

在布匹店买不到什么布？

☀ 第 57 题

有一种动物，大小像只猫，长相又像只虎，这是什么动物？

☀ 第 58 题

烤肉的时候最怕什么？

☀ 第 59 题

小偷的特征是什么？

☀ 第 60 题

"好马不吃回头草"最合乎逻辑的解释是什么？

☀ 第 61 题

什么样的轮子只转不走？

☀ 第62题

跳伞时怎么能分得出是新兵还是老兵？

☀ 第63题

一名持枪歹徒抢劫一家首饰店，店主进行反抗，歹徒猛地朝店主开了一枪，店主情急之下赶紧拿出手边的账本进行抵挡，谁知竟然平安无事。你知道为什么吗？

☀ 第64题

一个盒子有几个边？

☀ 第65题

小张跳绳一分钟跳40下，小李能跳30下，为什么最后得金牌的是小李？

☀ 第66题

车祸发生不久警察就赶到了现场，他们发现司机完好无损，翻倒的汽车内外血迹斑斑，却没有见到死者和伤者，而这里是荒郊野外，并无人烟，这是怎么回事？

☀ 第67题

明明是一个晴朗的好日子，一个人却说："等一下就要刮台风了！"为什么他会这么说？

☀ 第68题

一个招牌突然由高处掉落，砸向并排行走的五个人，为什么只有三个人受伤？

☀ 第69题

看了不能买，买了不能用的是什么？

答 案

1. 倒胃口的话。

2. 去医院检查，好好的一个人怎么长出翅膀了呢？

3. 缅甸人（免电人）。

4. 刀山。

5. 眼中钉。

6. 狡猾（脚滑）的狐狸。

7. 别人用枪指着你的时候。

8. 最不喜欢的鞋子。

9. 叽叽。

10. 因为他在拍戏。

11. 因为她不能坐。

12. 猫捉老鼠。

13. 因为他们没有在一个地方。

14. 因为吃了窝边草就没有可以藏身的地方了。

15. 左手。

16. 虱子。

17. 一直说自己没醉的人。

18. 热狗。

19. 因为他掉在了室内。

20. 因为他说他写的是浓缩牛奶。

21. 是跳伞的人被自己的伞砸到了。

22. 因为它在地图上。

23. 因为老王是理发师。

24. 因为他最后还检查了一遍。

25. 四个蛋放到四个角上。

26. 那是解剖台上的尸体。

27. 因为宝生是穿着雨衣在大太阳下走。

28. 当水变成冰时，用网当然可以提。

29. 其实你不懂我的心。

30. 精神病院。

31. 可以。只要用树叶盖住眼睛就行。

32. 太监。

33. 因为小明的胳膊枕在了他的假牙上。

34. 他在照片上。

35. 熊猫。

36. 白熊。

37. 狗熊。

38. 自己的葬礼。

39. 当走到桥中间时，故意转身。

40. 这个人是名深海潜水员，尖锐的岩石刺破了他的潜水服。

41. 仍然是长江。

42. 同一天结婚。

43. 天的女儿叫丽质，因为天生丽质。天的儿子叫我才，因为天生我才。

44. 数码相机（树和马）。

45. 纪录。

46. 戒指。

47. 在梦里。

48. 血液。

49. 理发师。

50. 聋子。

51. 袜子。

52. 镜子里。

53. 电话。

54. 也可能是海关检查员。

55. 因为马克是散文作家，他一直在写散文。

56. 松赞干布。

57. 小老虎。

58. 肉跟你装熟。

59. 出手不凡。

60. 拐着脖子吃，哪有直着脖子吃舒服。

61. 风车的轮子。

62. 新兵的屁股上有鞋印。

63. 歹徒拿的是水枪。

64. 两个，里边和外边。

65. 小张没有参加比赛。

66. 因为是献血车。

67. 因为现在正在台风眼里。

68. 因为是麦当劳的招牌。

69. 棺材。